Inhalt

Ehrlich währt am längsten - oder: Warum Unternehmen dieses Klischee mit neuem Leben füllen sollten

Kernthesen

Beitrag

Fallbeispiele

Weiterführende Literatur

Impressum

Ehrlich währt am längsten - oder: Warum Unternehmen dieses Klischee mit neuem Leben füllen sollten

Harald Reil

Kernthesen

- Im Zeitalter der Shitstorms tun Firmen gut daran, Fehler zuzugeben und ihre Karten offen auf den Tisch zu legen.
- Eine transparente Informationskultur sorgt aber auch innerhalb von Unternehmen für mehr Arbeitszufriedenheit.
- Vor allem Start-ups haben sich flache Hierarchien und eine offene Kommunikation auf die Fahnen

geschrieben.
- Hohenheimer Wissenschaftler werfen einigen Telekommunikationsfirmen schlechtes Kommunikationsvermögen vor.

Beitrag

Offene Kommunikation in Echtzeit

Klischees haben zumindest einen Vorteil: So abgegriffen sie sein mögen, so haben sie in den meisten Fällen doch einen wahren Kern. Ehrlich währt am längsten, ist dafür ein gutes Beispiel. Natürlich ist der Spruch nicht immer wahr, in der Kommunikationskultur von Unternehmen gewinnt er aber zunehmend an Bedeutung - oder er sollte es zumindest tun. Denn in Zeiten der vernetzten User ist es nicht mehr so leicht wie früher, Fehlleistungen unter den Teppich zu kehren. Und dass Stürme nicht nur in der realen Welt verheerende Verwüstungen anrichten können, ist jedem bewusst, der schon einmal hilflos vor einem Shitstorm in die Knie gehen musste. Experten raten daher zu Offenheit, Wahrheit und Echtzeit, vor allem aber zu einer guten Vorbereitung auf Krisensituationen, selbst wenn -

metaphorisch gesprochen - noch kein Wölkchen den azurblauen Himmel trübt. (1), (2), (3)

Auf den Ernstfall vorbereitet

Vorbildlich in dieser Beziehung arbeitet zum Beispiel der Chemiekonzern Henkel, der für alle möglichen Krisenszenarien Kommunikationspläne in der Schublade hat, und zwar mit den dazugehörigen Pressemitteilungen und dem nötigen Fotomaterial. Die Pläne fristen dort allerdings kein unbeachtetes Dasein, sondern werden Jahr für Jahr hervorgeholt, auf den Prüfstand gestellt und gegebenenfalls überarbeitet. Außerdem pflegt Henkel auch in krisenfreien Zeiten eine offene und transparente Kommunikation mit den Medien. Unternehmen, die sich auf diese Weise gute Beziehungen aufgebaut haben, dürfen im Falle eines Notfalls darauf hoffen, nachsichtiger behandelt zu werden als Firmen, die sich nicht die Mühe machen, mit Journalisten zu kommunizieren. (1), (2), (3)

Kommunikationsstau führt zu Unzufriedenheit im Job

Dasselbe Prinzip der offenen Kommunikation sollte aber auch innerhalb von Unternehmen gelten. Im letzten Jahr haben sich über 30 Prozent der Arbeitnehmer in Deutschland eine neue Stelle gesucht. 40 Prozent haben wenigstens mit dem Gedanken gespielt. Einer der wesentlichen Gründe für die Unzufriedenheit im Job lässt sich auf die mangelnde Transparenz im Kommunikationsverhalten von Vorgesetzten zurückführen. Schlecht ist es damit aber nicht nur in Deutschland bestellt. Dem Kelly Global Workforce Index (KG-WI) zufolge, den der weltweit agierende Personaldienstleister Kelly Services veröffentlicht hat, beklagen rund um den Globus 45 Prozent der Befragten das miese Kommunikationsvermögen ihrer Führungskräfte. (4)

Trends

Demokratisierung der Kommunikation

Start-ups werben mit flachen Hierarchien und einer offenen, horizontalen Kommunikationskultur. Um dies zu erreichen, nutzen sie auch moderne Informationstechnologien. Vor allem die Generation Y, die damit aufgewachsen ist, schätzt es, dass sie sich auch am Arbeitsplatz ähnlich transparent und umfassend informieren kann, wie sie das aus ihrer Freizeit gewohnt ist. Alteingesessene Unternehmen mit einer streng hierarchisch organisierten und vertikalen Kommunikationskultur müssen daher aufpassen, dass sie junge Mitarbeiter nicht vergraulen. Angesichts der zunehmenden Bedeutung der Ressource Humankapital scheint es daher, dass der Trend zu einer Demokratisierung des Informationsverhaltens tatsächlich unumkehrbar ist. (5)

Angst vor dem großen Bruder

Der NSA-Skandal hat wahrscheinlich mehr als jedes andere Vorkommnis in der Vergangenheit dazu beigetragen, die Verbraucher für das Thema Datensicherheit und als Folge davon für den Wunsch nach einer offenen und transparenten Kommunikation zu sensibilisieren. Das unbehagliche Gefühl, dass einem der Orwellsche große Bruder ständig über die Schulter schaut, hat sich tief in die kollektive Psyche eingegraben. Das Misstrauen sitzt tief. Vor allem die Digitalbranche wird sich daher in Zukunft gewaltig ins Zeug legen müssen, um die Verbraucher von der Unbedenklichkeit ihrer Absichten zu überzeugen. (6)

Verbraucher wollen umfassende Informationen

Dass eine offene und durchlässige Kommunikation ein Trendthema ist, bestätigt auch eine Publikation der Verbraucherzentrale Bundesverband, die unter folgendem Titel erschienen ist: "Wie Verbraucher entscheiden. Repräsentative Studie des Meinungsforschungsinstituts infas unter 1001 Verbrauchern ab 18 Jahren". Unter anderem von der Lebensmittelbranche erwarten Konsumenten umfassende Informationen. (7)

Fallbeispiele

Satzschlangen mit über 70 Wörtern

Einige Telekommunikationsunternehmen bekleckern sich nicht gerade mit Ruhm, wenn es um transparente Kommunikation geht. Für eine Untersuchung haben Kommunikationswissenschaftler der Universität Hohenheim die Vertragsbedingungen von 24 Konzernen der Branche unter die Lupe genommen und sie nach einem Punkteschema von null bis 20 klassifiziert, wobei erstgenannter Wert der schlechteste und der zweite der beste war. Die Unterschiede in der Verständlichkeit der Kommunikation waren beträchtlich. Die Spanne reichte von 1,88 bis 18,42. Die Wissenschaftler monierten besonders Satzschlangen mit 70 Wörtern und mehr oder Fachjargon wie Simple Service Discovery Protocol. (8)

Familienunternehmen mit Gesicht

Die Rügenwalder Mühle hat ihren Kommunikationsstil für Verbraucher transparenter gemacht. Die offene Informationspolitik steht unter dem Motto "Familienunternehmen mit Gesicht". Zu diesem Zweck hat der Wurst- und Schinkenfabrikant mehrere Kurzvideos eingespielt, welche allesamt Themen aufgreifen, die Konsumenten besonders am Herzen liegen. Ausgangspunkt für die Clips waren Ergebnisse einer Befragung, für die TNS Infratest 1 049 Personen im Alter zwischen 18 und 69 Jahren im Auftrag des Unternehmens interviewt hat. Ganz oben auf der Prioritätenliste der Verbraucher standen die Fragen "Wie wird die Qualität der Produkte sichergestellt und kontrolliert?" (wichtig für 78 Prozent der Studienteilnehmer) und "Woher bezieht das Unternehmen seine Rohwaren?" 73 Prozent der

Befragten wollten auf diese Frage eine Antwort haben. (7)

Shopify nutzt Unicorn

Bei Shopify, einem Start-up-Unternehmen für E-Commerce-Lösungen, wird das Thema offene und transparente Kommunikation großgeschrieben. Das geht so weit, dass die Shopify-Mitarbeiter eine selbstentwickelte Peer-Bewertungssoftware nutzen, mit deren Hilfe sie besondere Leistungen ihrer Kollegen anerkennen können. Danach richtet sich auch das Bonussystem, das die Performance erfolgreicher Ideen belohnt. Der Vorteil: Statt einer oft als ungerecht empfundenen vertikalen Bewertung des Mitarbeiters durch den Chef, wie sie in traditionellen Unternehmen noch immer gang und gäbe ist, ist die horizontale Bewertung durch die Kollegen klarer, leichter nachvollziehbar und daher auch egalitärer. (5), (9)

Weiterführende Literatur

(1) Das Wort zur Krise Nur wer seine Kommunikation gut vorbereitet, kann schwierige Phasen ohne großen Schaden überstehen.
aus Handelsblatt Nr. 018 vom 25.01.02 Seite k01

(2) Im Auge des Orkans
aus Handelszeitung Nr. 46 vom 14.11.2013 Seite 18

(3) ‚Litigation-PR wird mehr nachgefragt'
aus "Horizont" Nr. 47/2013 vom 22.11.2013 Seite: 30

(4) Auf die Chefs kommt's immer an
aus "Medianet" Nr. 1700/2013 vom 04.10.2013 Seite 79

(5) Chef sein ist out: Start-ups für flache Strukturen
aus Pressetext vom 25.11.2013, 06.05 Uhr

(6) Transparenz
aus Horizont 38 vom 19.09.2013 Seite 033

(7) Verbraucher fordern mehr Transparenz
aus Fleischwirtschaft 10 vom 18.10.2013 Seite 088 bis 090

(8) Kauderwelsch statt Klartext
aus Stuttgarter Zeitung - Stadtausgabe, 02.08.2013, S. I

(9) Crowdsource Your Company's Bonus
aus Stuttgarter Zeitung - Stadtausgabe, 02.08.2013, S. I

Impressum

Ehrlich währt am längsten - oder: Warum Unternehmen dieses Klischee mit neuem Leben füllen sollten

Bibliografische Information der deutschen Nationalbibliothek

Die Deutsche Nationalbibliothek verzeichnet diese Publikation in der deutschen Nationalbibliografie; detaillierte bibliografische Daten sind im Internet über http://dnb.d-nb.de abrufbar.

ISBN: 978-3-7379-0407-0

© 2015 GBI-Genios Deutsche Wirtschaftsdatenbank GmbH, Freischützstraße 96, 81927 München, www.genios.de

Alle Rechte vorbehalten. Dieses Werk ist einschließlich aller seiner Teile – z.B. Texte, Tabellen und Grafiken - urheberrechtlich geschützt. Jede Verwertung außerhalb der Grenzen des Urheberrechtsgesetzes bedarf der vorherigen Zustimmung des Verlags. Dies gilt insbesondere auch für auszugsweise Nachdrucke, fotomechanische Vervielfältigungen (Fotokopie/Mikroskopie), Übersetzungen, Auswertungen durch Datenbanken oder ähnliche Einrichtungen und die Einspeicherung und Verarbeitung in elektronischen Systemen.